Karl Pilsl

Persönliche Beziehungen

Persönliche Beziehungen

1. Auflage, August 2016

Erschienen im Verlag
Verlag Gute Nachricht GmbH
Freyunger Str. 53 a - D-94146 Hinterschmiding
Tel. +49 (0) 8551 913350 - Fax +49 (0) 8551 913479
E-Mail: office@wirtschaftsrevolution.de

Titelbild: Rawpixel.com/shutterstock.com

ISBN 978-3-935760-43-0

Persönliche Beziehungen

31 Gedankenimpulse

für erVOLLgreiche Beziehungen

von

Karl Pilsl

Ein Geschenk

für: Hilde

von: Omi

Vorwort des Autors

Liebe Leserin, lieber Leser,

eines ist ganz sicher: Die Zukunft gehört den Menschenspezialisten.

Wir stehen am Beginn einer neuen Zeit. Viele Dinge werden künftig nicht mehr so sein, wie wir es aus der Vergangenheit gewohnt sind.

Wir stehen nicht nur mitten in einer Systemkrise oder mitten in einer weltweiten Wirtschaftsrevolution, sondern vor einer großen Veränderung der Gesellschaft. Weltweit.

Es geht um Menschen auf dieser Welt. Nicht um Geld. Es geht darum: Was haben andere Menschen davon, dass es dich gibt?

Warum sollen andere Menschen gerade deine Nähe suchen und deine Freunde, Mitarbeiter, Geschäftspartner oder Kunden werden?

Was erleben andere Menschen, wenn sie dir begegnen?

Was wird aus den Menschen, die Gott dir anvertraut hat?

Wie kann man eine Atmosphäre schaffen, in der sich Kinder, Freunde, Mitarbeiter, Geschäftspartner und Kunden so richtig wohlfühlen und daher immer wieder kommen?

Wie wirst du zu einer Tankstelle für andere Menschen?

Die Menschen suchen Menschen mit Power und einer

klaren Botschaft.

Die Menschen von heute suchen Orientierung für ihre Zukunft. Werden sie diese bei dir finden?

Warum sollen sie gerade deine Nähe suchen und den Weg mit dir gehen wollen?

Eines steht fest: Es hängt von dir ab.

Wenn dir das Geld noch nicht nachläuft, liegt es nicht am Geld. Wenn dir die Menschen noch nicht nachlaufen, liegt es nicht an diesen Menschen.

Genau aus diesem Grund habe ich diese 31 Gedanken-Impulse geschrieben. Für jeden Tag einen starken Impuls. So bleibt jeder Gedanke für sich in einem überschaubaren Maß und du kannst dich darauf fokussieren.

Jeden Tag eine kleine Investition in dein Leben und du wirst dich stetig weiterentwickeln - zum immer besseren Menschenspezialisten®.

Das wünsche ich dir von ganzem Herzen.

Ganz besonders freue ich mich natürlich, wenn wir uns irgendwann einmal persönlich begegnen.

Viel Freude beim Lesen!

Dein
Karl Pilsl

www.karlpilsl.com
www.wirtschaftsrevolution.de
www.umdenk-akademie.de

Tag 1

Sende täglich jemandem ein Signal, dass du dankbar bist dafür, dass es sie/ihn gibt.

Jeder Mensch braucht die Sicherheit, dass er wertvoll ist - sende ihm dieses Signal.

Erinnere dich täglich, dass jeder Mensch immer wieder Wellen der Kritik, Minderwertigkeit oder gar Verdammnis begegnet. Du kannst das ausgleichen bei jenen Menschen, die dir nahe stehen bzw. die dir heute begegnen, indem du ihnen Wertschätzung zeigst.

Die Worte, die aus deinem Mund kommen, sind wahrscheinlich für andere Menschen der Dünger, den sie brauchen, damit ihre Hoffnung für die Zukunft wächst. Sei großzügig damit.

Tag 2

Trenne dich von Freunden, die nur versuchen, dich zu benutzen.

Es gibt vier Arten von Menschen in deinem Leben: Solche, die dich bereichern, solche, die dich benutzen, solche, die Spaltung verursachen und solche, die dich frustrieren. Halte dich von denen fern.

Solche Menschen in deinem Leben, die dich nicht zum Wachsen bringen, werden dich schließlich zum Welken bringen. Welken ist aber der Anfang vom Ende. Geh immer dorthin, wo du geschätzt wirst, geh nicht dorthin, wo du nur toleriert wirst.

Lass dich nicht mit einem Jähzornigen ein, halte dich von einem Hitzkopf fern, sonst übernimmst du seine Gewohnheiten und bringst dich selbst zu Fall. Denn: Sage mir, mit wem du umgehst und ich sage dir, was aus dir wird.

Tag 3

Gib täglich jemandem ein ermutigendes Kompliment.

Viele Menschen sagen: Worte sind nicht wichtig. Es waren ja nur Worte. Das ist falsch. Es entspricht nicht der Wahrheit. Jedes Wort ist ein Samenkorn und reproduziert ganz nach seiner Art. Sei großzügig mit kraftvollen, ermutigenden Worten.

Worte verursachen Kriege. Worte beenden auch Kriege. Worte schlagen oft Wellen der Emotionen, bestimmen die Zukunft und kontrollieren die Welt. Überlege dir daher gut, was aus deinem Mund kommt.

Deine Worte, die du heute zu jemandem sprichst, können aber auch ganz große Wellen machen, und zwar Wellen, die jemanden hineintragen in seine gottgegebene Berufung, den Traum seines Lebens. Sprich daher zukunftsorientiert.

Tag 4

Vertraue dich nur wenigen Menschen wirklich an.

Jemand sagte mal: „Sogar ein Fisch würde nicht zu fangen sein, wenn er seinen Mund nicht öffnen würde." Das stimmt. Überlege dir daher gut, mit wem du worüber sprichst.

Vertraulichkeit ist ein Geschenk, das man nur wenigen Menschen gibt. Vertraue dich nur wenigen Menschen wirklich an, und zwar jenen Menschen, die deinem Herzen wirklich nahe sind. Menschen, von denen du ganz sicher bist, dass auch du in ihren Herzen bist.

Erzähle deine Schwierigkeiten nie jemandem, von dem du von vornherein keine Hilfe erwarten kannst. Suche Hilfe nur bei jenen Menschen, die wissen und bewiesen haben, wie man die Probleme löst, die dich gerade bewegen. Ansonsten schaffst du nur noch mehr Verwirrung in deinem Hirn. Und dein Herz würde dann unruhig werden.

Tag 5

Schätze die persönliche Meinung anderer Menschen.

Eines der größten Geschenke, die du jemals jemand anderem geben kannst, ist das Geschenk der Anerkennung. Schenke daher persönliche Anerkennung, wo immer du etwas findest, das Anerkennung verdient.

Jeder Mann, jede Frau, jedes Kind hat von unserem Schöpfer das Recht bekommen, seine Sicht der Dinge mitzuteilen. Gib den Menschen daher die Möglichkeit, ihre Meinung zu sagen. Auch wenn du diese nicht teilst.

Schon die Bibel sagt: „Begegnet allen mit der gleichen Liebe und richtet euch ganz auf das gemeinsame Ziel aus. Rechthaberei und Überheblichkeit dürfen keinen Platz bei euch haben. Vielmehr sollt ihr demütig genug sein, von euren Geschwistern höher zu denken als von euch selbst. Jeder soll auch auf das Wohl der anderen bedacht sein, nicht nur auf das eigene Wohl."

Dieses Denken schafft Freunde.

Tag 6

Vermeide es, andere Menschen zu richten bzw. zu verurteilen.

Bilde dir keine endgültige Meinung über einen Menschen oder eine Sache, bevor du nicht die ganze Information erhalten hast. Es gibt nämlich immer drei Seiten: die eine, die andere und die richtige.

Die Dinge sind nie so, wie sie dem ersten Eindruck entsprechen. Halte daher mit deinem Urteil über andere Menschen zurück. Bestrafe niemanden für etwas, was du nicht wirklich weißt bzw. verstehst.

Die Bibel sagt: „Richtet nicht, damit ihr nicht gerichtet werdet." Du sprichst dir sonst selbst dein eigenes Urteil, weil ja keiner von uns perfekt ist.

Auch andere runtermachen oder Gerüchte weitertragen ist richten.

Konzentriere dich auf deine Stärken und nicht auf die Fehler anderer Menschen, das macht das Leben viel einfacher. Und alle sind viel glücklicher.

Tag 7

Lächeln sollte dein Markenzeichen sein.

Dein Gesicht sendet deine innere Einstellung voraus. Deine Einstellung, was deine Zukunft betrifft, was andere Menschen betrifft und was dich selbst betrifft.

Dein Gesichtsausdruck schafft automatisch „Atmosphäre". Ein Klima, das entweder die Menschen zu dir hinzieht oder das dafür sorgt, dass andere Menschen dir aus dem Weg gehen. Sei einfach fröhlich, denn nichts wird so heiß gegessen, wie es gekocht wird.

Wenn du mit einem Lächeln ankommst, entscheidest du automatisch schon, in welche Richtung die vor dir liegende Situation bzw. Beziehung gehen wird. Deine Ausstrahlung bestimmt nämlich die Atmosphäre.

„Ein weiser Mensch hat ein fröhliches Gesicht, alle Härte ist daraus verschwunden." Das sagt die Bibel dazu.

Tag 8

Entwickle die Gabe, unvergessliche, positive Momente zu schaffen.

Romantik ist, wenn man mit Absicht einen besonderen Augenblick kreiert, der im Leben eines anderen Menschen unvergesslich bleibt. Sei ein warmer, romantischer Mensch.

Warte nicht darauf, dass dein Partner solch romantische Augenblicke schafft. Beginne ganz bewusst, mit Kreativität und Spontanität solche einzigartige Momente zu schaffen, die deine spezifische Liebe zum Ausdruck bringen.

Wenn du unvergesslich bleiben möchtest, dann inszeniere heute etwas Unvergessliches. Wenn du hier immer besser wirst, wirst du die Herzen der Menschen gewinnen. Man freut sich dann auf die nächste Begegnung mit dir.

Tag 9

Entdecke an Menschen, die du liebst, jeden Tag etwas ermutigendes „Neues“.

Wissen bzw. Information verstärkt die Sicherheit. Je mehr du über jemanden weißt, umso mehr bist du in der Lage, den Bedürfnissen dieses Menschen zu begegnen. Je mehr du über andere Menschen und deren Situation weißt, umso mehr kannst du ihnen entgegenkommen. Das schafft Attraktivität.

Jeder Mensch ist einzigartig. Je mehr du die Einzigartigkeit anderer Menschen kennst und verstehst, umso mehr werden auch dich andere Menschen schätzen und deine Nähe suchen.

Beobachte jene Menschen, denen du näher kommen möchtest, und konzentriere dich auf deren Einzigartigkeit.

Das Besondere, das jeder Mensch hat - manchmal muss es nur gesucht und gefunden werden. Und dann geh einfach auf den anderen zu und er wird sich freuen.

Tag 10

Höre deinen Kindern zu, was sie bewegt - täglich.

Deine Kinder sind es wirklich wert, dass du sie wirklich gut kennst. Ihnen aktiv zuzuhören und zu erfahren, was ihr kleines Herz bewegt, macht dich bei Kindern besonders attraktiv.

Viele Eltern sagen oft: „Ich muss mit meinen Kindern wiedermal reden." Aber das ist nicht wirklich der richtige Ansatz. Den Kindern zuzuhören, das gibt den Kindern jene Wichtigkeit und Bedeutung, die sie suchen. Auch Kinder wollen wichtig genommen werden. Und wenn du ihnen aktiv zuhörst, spüren sie deine Liebe besonders.

Tausch dich mit deinen Kindern aus, beobachte sie, sammle Informationen über sie mit der Absicht von ihnen zu lernen und du wirst über deine Kinder das richtige Bild bekommen. Sie sind einzigartig und wertvoll. Wir können auch von Kindern sehr viel lernen.

Gib deinen Kindern das, was sie woanders nicht finden: eine neutrale, nicht-richtende Konversation. Und sie werden immer wieder deine Nähe suchen.

Tag 11

Schaffe für dich und andere Menschen täglich ein kraftvolles Umfeld.

Von der Atmosphäre, die du für andere Menschen bereitest, hängt ab, ob andere Menschen immer wieder deine Nähe suchen oder stillschweigend wegbleiben.

Wenn die Atmosphäre, die andere Menschen in deiner Gegenwart erleben, kraftvoll ist, Kraft spendet und nicht Energie entzieht, dann werden immer mehr Menschen deine Nähe suchen. Menschen sind auf der Suche nach Energiespendern. Wenn du für sie eine solche „Tankstelle" bist, gehört dir die Zukunft.

Wir sind geschaffen worden, um auf dieser Erde etwas zu bewegen. Unsere Augen sehen, unsere Ohren hören, unsere Hände greifen zu, unsere Füße bringen uns vorwärts und unsere Zunge spricht. Das ist Power, die auch Herzen bewegt.

Wir schaffen Atmosphäre mit unseren Gedanken und mit unserer Zunge. Du bist eine lebendige Strömung, mit der du andere Menschen in ihre Zukunft führst. Setze dein Leben dazu ein, andere Menschen mit Power zu versorgen. Das bringt Attraktivität.

Tag 12

Stelle deinen Freunden Fragen, damit sie ihr Wissen und ihre Meinung weitergeben können.

Jeder Mensch ist eine Informations-Quelle. Schöpfe aus dieser Quelle. Stelle deinen Eimer regelmäßig an diese Quelle. Wenn du die richtigen Fragen stellst, kriegst du viele gute Antworten - man kann ja viel von anderen Menschen lernen.

Außerdem heißt es ja: Wer fragt, der führt. Möchtest du gerne beginnen, andere Menschen zu führen? Dann stelle ihnen interessante Fragen zu den Gedanken über ihre Zukunft.

Vielleicht wäre es gut, wenn du noch heute einen „Interview-Termin“ mit zwei bis drei deiner erfolgreichsten Freunde vereinbarst. Höre ihnen genau zu. Höre auf ihr Herz.

Bereite dich gut auf diese Interviews vor, schreibe dir die Fragen auf, die du stellen willst, und du wirst die Antworten bekommen, die du brauchst und die dir weiterhelfen. Außerdem vertieft das ganz sicher deine persönliche Beziehung zu diesen Menschen.

Tag 13

Sei immer liebenswürdig und freundlich zu den Menschen um dich herum.

Freundlichkeit und Liebenswürdigkeit ist wie Wärme in einer kalten Welt. Freundliche und liebenswürdige Menschen haben viel mehr Anziehungskraft als Menschen, die alles besser wissen oder gar andere Menschen von oben herab betrachten. Freundlich sein kostet kein Geld.

Die Menschen um dich herum sind vielleicht verwundet worden von ihren Gegnern, eifersüchtigen und streitsüchtigen Menschen. Vielleicht haben diese Menschen sogar Minderwertigkeitskomplexe und haben sich eingeredet, dass sie nicht so wertvoll wären wie andere. Gib ihnen deine Wertschätzung und du wirst viele neue Freunde gewinnen.

Gestalte mit, dass der Tag für andere Menschen freudig und positiv wird. Sie werden dich sicherlich nicht vergessen. Nimm dir dafür Zeit, es ist sehr gutes Investment in deine Zukunft.

Tag 14

Sei großzügig mit gefühlvoller Zuneigung und Zärtlichkeit.

Menschen suchen Zuneigung und Zärtlichkeit. Menschen brauchen das. Auch du brauchst das - und genauso suchen das andere Menschen.

Studien in Krankenhäusern haben bewiesen, dass sogar Babys sterben, wenn sie nicht die Zärtlichkeit einer Mutter und ihre liebende Zuneigung erfahren.

Du bist da sicherlich keine Ausnahme, auch die Menschen um dich herum sind keine Ausnahme. Leider gibt es heutzutage nur viel zu wenige Menschen, die ihre Liebe wirklich zeigen können.

Streck dich heute aus nach jemandem, geh auf deine Freunde zu. Berühre sie, umarme sie ... und du wirst in ihrem Herzen einen besonderen Platz einnehmen.

Tag 15

Bestehe immer auf Integrität und Wahrhaftigkeit.

Freundschaften vertiefen sich, wenn sich Menschen aufeinander verlassen können. Integrität ist Wahrhaftigkeit. Zu tun, was man gesagt hat, dass man tun wird, ist Wahrhaftigkeit. Menschen wollen sich auf dich verlassen können. Mit dir muss man rechnen können. Das gibt Kraft.

Fordere von dir selbst diese Integrität und Wahrhaftigkeit. Mache es dir zu einer Charakterstärke. Belohne Integrität und Wahrhaftigkeit bei den Menschen um dich herum. Das, was belohnt wird, das wird getan und verstärkt. Menschen wollen ja wieder belohnt werden.

Wenn du andere Menschen immer mit Integrität behandelst, dann wirst auch du so behandelt werden. Was du anderen Menschen tust, das wirst auch du erleben. Das ist die Goldene Regel für ein erfülltes Leben.

Tag 16

Wenn du anderen Korrektur geben musst, mach es mit der erforderlichen Sensibilität.

Es bleibt leider nicht aus, dass man auch manchmal die Menschen um sich herum korrigieren muss.

Kritik verletzt, auch wenn du es in Liebe tust. Korrektur muss nicht mit Kritik verbunden werden, man kann sie auch mit einer besonderen Sensibilität anbringen. Weisheit unterscheidet Korrektur von Kritik.

Es gehört zu unserer Aufgabe - insbesondere wenn uns andere Menschen anvertraut wurden - diese zu korrigieren, zu warnen bzw. auf Gefahren aufmerksam zu machen. Wir wollen schließlich nicht, dass sie vermeidbares Unglück erleben. Weise Menschen können das mit einem ermutigenden Unterton ganz besonders gut.

Deine Hinweise sind möglicherweise das, was deinen Freund jetzt wirklich weiterbringt. Tue es mit der erforderlichen Sensibilität und die Beziehung wird stärker werden.

Tag 17

Schätze die Menschen, die auch dich schätzen.

Jemand sagte mal: „Gehe nicht dorthin, wo du nur toleriert wirst, gehe immer dort hin, wo du geschätzt wirst.“ Das ist eine sehr wichtige Erkenntnis, die ich in meinem Leben gewonnen habe.

Jene Menschen, die deinen Wert erkennen, sind auch jene Menschen, denen du eine besondere Anerkennung geben solltest. Wenn Menschen zusammenarbeiten, die sich gegenseitig auch wirklich wertschätzen, kommen die besten Ergebnisse zustande. Die Kreativität, die freigesetzte Energie potenziert sich in einer solchen Atmosphäre der Wertschätzung.

Suche dir immer jene Menschen, die deinen Input wirklich schätzen, und gehe immer dorthin, wo man auch deinen Beitrag, deinen Output, deine Anwesenheit wirklich schätzt.

Tag 18

Sprich dich mit deinem Nächsten aus, wenn es Missverständnisse gibt.

Die besten Freundschaften sterben oft, nur weil man sich gegenseitig nicht ernst genug nimmt, um die Dinge anzusprechen, wo es Missverständnisse gegeben hat. Sei mutig und mach es im Geist der Liebe.

Erwarte nicht, dass andere Leute deine Gedanken lesen können. Sag deinen Freunden, was dich bedrückt, bewegt oder ärgert und sage deinen Freunden, dass es dein Wunsch ist, die Dinge auszuräumen, die euch trennen könnten.

Schweigen - oder gar eine absichtliche Schweigebehandlung - düngt nur die Wurzel der Bitterkeit, und diese hat noch nie gute Frucht hervorgebracht. Oder möchtest du eine „Giftspritze" werden?

Sprich dich aus mit deinen Freunden, vergib und geht gemeinsam weiter. Sonst stehst du dir selbst im Weg.

Tag 19

Bringe täglich den Menschen um dich herum Hoffnung für ihre Zukunft.

Ein Mensch kann viele Tage ohne Essen leben, einige Tage ohne Wasser, einige Minuten ohne Sauerstoff, aber keine einzige Sekunde ohne Hoffnung. Bring den Menschen Hoffnung.

Hoffnung ist die (gefestigte) Erwartung, dass sich etwas zu meinen Gunsten verändert.

Lass nicht zu, dass jemand, den du liebst, in einer Depression verharrt und fast zugrunde geht unter den gegenwärtigen Umständen. Bring ihm Worte der Hoffnung. Hoffnung ist Licht und vertreibt die Finsternis der Depression.

Bringe den Menschen um dich herum Hoffnung. Hoffnung auf eine bessere Zukunft, Hoffnung auf Gesundheit, Hoffnung darauf, dass ihre Träume, Visionen und Ziele immer noch eine Chance haben, Realität zu werden. Bring den Menschen Hoffnung und sie werden wieder kommen und neue Menschen mitnehmen.

Tag 20

Verzichte auf jede Form von Streitsucht - sei ein Friedensstifter.

Schon die Bibel sagt (Jesus in der Bergpredigt): „Selig sind die Friedensstifter, denn Gott wird sie seine Kinder nennen."

Weiters steht geschrieben: „Glücklich sind jene, die auf Streit und Gewalt verzichten, denn sie werden das Land erben."

Streitsüchtige Menschen sind überhaupt nicht attraktiv. Niemand Vernünftiger sucht mit Begeisterung die Nähe von Menschen, die immer Streit vom Zaun brechen.

Sei ein Friedensstifter oder Friedensbewahrer. Tue alles, damit du mit anderen Menschen in Frieden leben kannst. Das hat große Auswirkungen auf deine persönliche Lebensqualität.

Tag 21

Vergeude keine Zeit mit Dingen, die belanglos sind oder die Atmosphäre vergiften.

Denke daran, dass jede Freundschaft eine wunderschöne Blume im Garten deines Lebens ist. Dieser Garten muss betreut, gedüngt und gewässert werden. Und zwar regelmäßig.

Lass nicht zu, dass du deine Zeit mit so vielen unwichtigen Dingen vergeudest, dass du keine Zeit mehr hast für deine Freunde und Geschäftspartner.

Lass nicht zu, dass du deine Zeit vergeudest mit allen möglichen Fragen, die nur zu unnötigen Diskussionen führen - aber keine Freude verbreiten.

Lass nicht zu, dass du deine Zeit gar mit Streitereien vergeudest, die sogar die Atmosphäre vergiften und keiner mehr die Nähe des anderen sucht.

Lerne Wichtiges vom Unwichtigen zu unterscheiden.

Tag 22

Sei täglich für jemanden ein Rettungsanker.

Vergiss nicht: Du bist nicht die einzige Person, die heute Probleme hat und die um die verschiedensten Dinge kämpfen muss. Wir alle haben jeden Tag den „guten Kampf" zu kämpfen - die einen schaffen es leichter, die anderen tun sich schwerer dabei.

Sei daher besonders sensibel deinen Nächsten gegenüber, die möglicherweise ganz leise nach Hilfe rufen, nicht mehr weiter wissen und Gefahr laufen, im Meer der Hilflosigkeit zu versinken. Vergiss nicht: Manche explodieren, weil sie Hilfe suchen, es aber nicht besser formulieren können.

Sei diesen Menschen ein Rettungsanker. Eine Schwimmweste, die genau dann verfügbar ist, wenn man sie wirklich braucht.

Tag 23

Beklage dich nicht über das, was du selbst zugelassen hast.

Manche Menschen beklagen sich immer bei ihren Freunden über die Umstände, in denen sie gerade leben müssen. Über Auswirkungen von Entscheidungen, die sie ja selbst getroffen haben - die aber nicht positiv sind.

Deine Lebensumstände sind nicht für immer. Sie sind vorübergehend.

Das, was du selbst zugelassen hast und was daher negative Auswirkungen hat, sollst du nicht anderen Menschen aufladen oder gar deine Freunde dafür beschuldigen. Es war DEINE Entscheidung. Du stehst dir sonst nur selbst im Weg.

Was du tolerierst in deinem Leben, dem gibst du auch Autorität zu bleiben. Entweder du akzeptierst deine Umstände, ohne dich bei anderen darüber zu beschweren oder du triffst eine Entscheidung und erwartest im Glauben eine positive Veränderung.

Tag 24

Dünge täglich deine Freundschaften und sie werden stärker.

Freundschaften müssen gelebt werden, gedüngt mit Gedanken und einem Verhalten, das die Freundschaft stärkt.

Lass nicht zu, dass man in deiner Gegenwart über einen deiner Freunde negativ spricht. Verteidige deinen Freund, wenn er selbst nicht anwesend ist, um sich selbst verteidigen zu können. Du wünschst dir ja auch, dass deine Freunde DICH verteidigen, oder? Denk an die Goldene Regel.

Werde ganz bestimmt kein Teil der Gerüchteküche, schon gar nicht, wenn es einen deiner Freunde betrifft.

Ein guter Freund ist jeden Preis wert, jeden Einsatz und jede Verteidigung.

Tag 25

Halte dich von streitsüchtigen Menschen fern.

Ein streitsüchtiger Mensch ist ein Trouble-Maker. Streitsüchtige Menschen verbreiten Unzufriedenheit, Frust und Misstrauen.

Streitsüchtige Menschen konzentrieren sich immer auf das Trennende und suchen jede Gelegenheit, eine Diskussion vom Zaun zu brechen. Das tut keiner Beziehung gut.

Streitsüchtige Menschen sind häufig auch mit Gerüchten unterwegs, Behauptungen, die zwar nicht bewiesen sind, aber andere Menschen verleumden. Streitsüchtige Menschen suchen eben den Streit.

Halte solche Beziehungen nicht aufrecht - sie führen zu nichts Gutem. Wenn du neue positive Freunde haben möchtest, musst du dich zuerst von den alten, negativen Freunden, trennen.

Tag 26

Halte dein Wort.

Den Charakter eines Menschen erkennt man auch daran, ob er sein Wort halten kann oder nicht. Halte dein Wort, deine Versprechungen, die du deinen Freunden gegenüber machst. Das stärkt die Freundschaft gewaltig.

Pass genau auf, dass du deine Versprechungen nicht vergisst, deine Zusagen, die du anderen Menschen - besonders deinen Freunden - gemacht hast.

Versprich nie, was du nicht halten kannst. Sage lieber nein. NEIN ist ein vollständiger Satz und dieser braucht auch keine weitere Erklärung.

Wenn du aus irgendeinem Grund deine Zusagen nicht halten kannst, geh zu deinem Freund und sag ihm Bescheid - du wirst so viel Gnade und Gunst erleben. Und die Freundschaft ist gerettet.

Tag 27

Erkenne, dass deine Freunde deinen Wert erhöhen.

Gute Freundschaften erhöhen deinen Wert. Deine besten Qualitäten werden sichtbar werden in der Gegenwart guter Freunde - aufgrund guter Beziehungen zu anderen Menschen.

Der „Marktwert" eines Menschen hängt sehr stark davon ab, welche Freunde er hat.

Schätze jeden Freund, insbesondere jene, die dir Kraft bringen und dich mit Enthusiasmus erfüllen, wenn es darum geht, deine Träume, Visionen und Ziele zu realisieren.

Gehe die Extra-Meile, wenn es darum geht, gottgegebene Beziehungen und Freundschaften zu pflegen, zu beschützen und auszubauen.

Es ist viel einfacher erVOLLgreich zu sein, wenn man viele gute Freunde hat.

Tag 28

Lass nicht zu, dass momentaner Ärger Freundschaften zerstört.

Ärger - wenn du ihn nicht im Zaum hältst, sondern anderen Menschen gegenüber sichtbar machst, kann deine Familie zerstören, deine Karriere verhindern oder zerstören und auch dein ganzes Leben stark beeinträchtigen.

Ärger über andere Menschen bringt nicht viel, eigentlich gar nichts. Es wird nur ärger, wie das Wort schon sagt.

Lass deinen Ärger nicht an Menschen aus, die gar nichts zu tun haben mit der Situation, die dir gerade diesen Ärger bereitet. Du sollst nicht den Briefträger bestrafen, wenn er dir einen bösen Brief zustellt.

Konzentriere dich lieber so schnell wie möglich wieder voll und ganz auf deine Zukunft, deine Berufung, deinen Traum und du wirst sehen, wie schnell der Ärger verfliegt.

Tag 29

Lerne die Sprache der Liebe.

Die Sprache der Liebe bringt eine Begeisterung in jede persönliche Beziehung. Das ist nicht nur eine Sache für „Verliebte“, sondern auch eine Sache für Freunde. Man kann sehr viel mit Liebe sagen und dabei viel erreichen.

Die Sprache der Liebe vermittelt dem anderen wie viel dir diese Freundschaft oder Beziehung bedeutet. Das geht durch Worte, durch eine Gestik oder auch durch kleine Geschenke.

Sag ganz einfach: „Ich liebe dich“ oder „Ich schätze dich“ oder „Ich mag dich“ - oder schreibe es auf einen Notizzettel oder sag´s „durch die Blume“ etc.

Du wirst sehen, wie stark dies Menschen verbindet und es wird immer einfacher, miteinander sehr gut auszukommen.

Tag 30

Sei eine Brücke für andere Menschen - in Richtung ihrer Berufung.

Viele Menschen kommen im Leben nicht voran, weil ihnen die Brücke fehlt zum nächsten Schritt. Sei für andere Menschen diese Brücke oder hilf ihnen, diese Brücke zu bauen.

Jemand erzählt dir z. B. seinen Traum, der ihn bewegt - er öffnet für dich sein Herz - dann höre einfach zu. Aktiv. Auch wenn du das nicht sehen kannst, was er sieht.

Jemand, der dir sehr nahesteht, lechzt danach, von dir ein ermutigendes Wort zu hören - sage es ganz einfach.

Jemand bittet dich ganz einfach, etwas für ihn zu tun. Das könnte für den anderen eine große Tür in seine Zukunft öffnen - tu es.

Sei für andere Menschen eine Brücke und du wirst sehen, wie sich Freundschaften vertiefen. Brückenbauern gehört die Zukunft.

Tag 31

Stelle dir täglich diese Frage: Was haben meine Freunde davon, dass es mich gibt?

Je mehr deine Freunde davon haben, dass es dich gibt, umso mehr wirst du mit diesen Menschen verbunden sein und verbunden bleiben.

Diese Frage: „Was haben andere Menschen davon, dass es mich gibt?" ist vielleicht die wichtigste Frage in deinem Leben, wenn du wirklich einen großen Schritt vorwärtskommen möchtest.

Je mehr andere Menschen etwas davon haben, dass es dich gibt, umso lieber suchen sie deine Nähe und deine Freundschaft.

Es geht im Leben ja nicht darum, dass es uns gut geht. Es geht darum, dass es durch uns anderen Menschen besser geht. Dann geht es uns automatisch gut.

Über den Autor

Karl Pilsl, geboren 1948 in Österreich, verheiratet mit Monika und Vater von acht Kindern, ist seit 50 Jahren selbstständiger Unternehmer. Er hat alle Höhen und Tiefen dieses Lebens erlebt, von großen Erfolgen in den verschiedensten Bereichen, bis hin zur größten Niederlage, die ein Unternehmer erleben kann: dem Konkurs. Seit 1977 ist er im Medien- und Informationsbereich tätig als Marktforscher, Consultant, Public Speaker und Verleger. Er ist selbst Autor von mehr als 30 Büchern zu den Themen Unternehmensstrategie, Leadership, Motivation, Wirtschaftstrends und erVOLLgreiches Leben.

Seit 1987 ist Karl Pilsl auch in den USA als Wirtschaftsjournalist tätig und beschäftigt sich insbesondere mit der Frage: „Was kann der deutsche mittelständische Unternehmer vom amerikanischen mittelständischen Unternehmer lernen?"

Hunderttausende seiner Bücher, Hörbücher und DVDs haben, genauso wie Tausende seiner Live-Veranstaltungen mit fast zweihunderttausend Zuhörern bisher, zu einem aktiven, begeisterten Leben inspiriert und ermutigt.

Karl Pilsl hat selbst über ein Dutzend Unternehmen und Organisationen in Österreich, Deutschland und den USA gegründet, mit insgesamt Hunderten von Mitarbeitern.

Er ist Gründer von www.wirtschaftsrevolution.de und von Verlag Gute Nachricht GmbH, einem Medienunternehmen, das zum Umdenken anregt. Dazu hat er auch die Umdenk-Akademie® ins Leben gerufen, denn wir müssen umdenken, wenn wir im neuen Jahrtausend auf dieser Erde ein erfülltes Leben leben möchten.

Existenzgründer und klein- und mittelständische Unternehmer gehören zu seiner Kernzielgruppe. Karl Pilsl hat eine Leidenschaft Menschen zu inspirieren, nochmals so richtig durchzustarten, für viele Menschen Arbeitsplätze zu schaffen und Menschen herauszufordern, sich die wichtigste Frage des Lebens zu stellen: „Was haben andere Menschen davon, dass es mich gibt?"

Er ist auch der Gründer von www.club45plus.com - eine Organisation für Menschen, die jenseits von 50 nochmals so richtig durchstarten möchten. Denn es sind ja nochmals 30 Jahre zwischen 50 und 80 - da kann man noch eine Menge bewegen.

Ja, wir müssen umdenken.

Viele Menschen brauchen dazu Hilfe, Unterstützung, Ermutigung, Training, Coaching, ...

Karl Pilsl steht auch für Vorträge zur Verfügung, die hoch inspirativen Charakter haben und Menschen ganz stark zu unternehmerischem Denken motivieren und dazu ermutigen ihr Leben selbst in die Hand zu nehmen.

Mehr Infos zu seiner Arbeit unter:
www.umdenk-akademie.de
www.umdenk-trainer.de
www.wirtschaftsrevolution.de/karlpilsl/referenzen

UMDENKEN und NEU ORIENTIEREN

ist das Kernthema der Umdenk-Akademie®.

Die Umdenk-Akademie® bereitet Menschen auf eine neue Zeit vor.

Wir bilden auch Umdenk-Trainer® aus, die das neue Denken hinaustragen in die Wirtschaft, in die verschiedenen Gesellschaftsbereiche wie Schulen, Organisationen, Kirchen, Vereine und vor allem auch in neue Wirtschaftssysteme, die die berufliche Zukunft vieler Menschen bestimmen werden.

Ja, wir müssen umdenken. Und es wird künftig vor allem darum gehen, ob jemand bereit ist, sein Leben selbst in die Hand zu nehmen und es wagt, seine eigenen Träume, Visionen und Ziele zu realisieren.

Die UMDENK-AKADEMIE® bietet dazu die besten Voraussetzungen, um sich wirklich neu orientieren zu können.

Das neue Denken / Umdenken soll unseren Visionspartnern helfen, ihren Weg zu finden, ihre gottgegebene Berufung zu entdecken und sie erVOLLgreicher zu machen.

Dazu bieten wir eine Ausbildung an, die das Umdenken unterstützt und Anleitung, Hilfestellung und Möglichkeiten der Zusammenarbeit anbietet.

Die Umdenk-Akademie® bildet Menschenspezialisten® aus, denn die Zukunft gehört den Menschenspezialisten®.

Wenn du dich für das Gedankengut der UMDENK-AKADEMIE® oder für eine Zusammenarbeit mit uns interessierst, dann melde dich einfach bei uns oder komm zu einem unserer Seminare oder zu einem Kennenlern-Tag.

Termine findest du unter:
www.wirtschaftsrevolution.de bzw.
www.umdenk-akademie.de

Verlag Gute Nachricht GmbH
Freyunger Str. 53 a- D-94146 Hinterschmiding
Tel. +49 (0) 8551 913350 - Fax +49 (0) 8551 913479
E-Mail: office@verlag-gute-nachricht.de

Du möchtest mehr erfahren?

Dann wende dich am besten an jene Person, die dir dieses Büchlein gegeben hat.

Der Autor Karl Pilsl steht auch für individuelle
Vortragsveranstaltungen zur Verfügung.
Anfragen bitte an den Verlag richten.

Einige seiner „Lieblingsthemen“:
Visionäre Leadership
Management frustriert - Leadership begeistert
Die Trends der Wirtschaftsrevolution
Menschenspezialist®
Naturkonforme Strategie
Träume - Visionen - Ziele
Wem gehört die Zukunft in Europa?

Ein aktuelles Medienverzeichnis
bzw. Seminarangebote

des Autors Karl Pilsl und der
Verlag Gute Nachricht GmbH
erhalten Sie bei: